AF431957

Edition Italian and English

Qui! La Luce.
Here! The Light

of

Sergio Rapetti

Titolo | Qui! La Luce. Here! The Light
Autore | Sergio Rapetti

ISBN | 979-12-20380-44-7

Youcanprint
Via Marco Biagi 6 - 73100 Lecce
www.youcanprint.it
info@youcanprint.it

Scritti in Italiano e Inglese
Writings in Italian and English

Eventuali imprecisioni nella lingua Inglese non
possono essere oggetto di contestazione

Possible imprecisions in the English language
cannot be object of controversy

Sergio Rapetti

Master Sergio Rapetti

Professor Dr. Honorary Degree –
Honoris Causa Ph.D. in Art and
Philosophy of the Modern Search
Academy Saint Sarah

*Artist Painter Sculptor
also a bit Poet and Philosopher*

sito web:
http://www.rapettisergio.it

https://www.facebook.com/sergio.
rapetti.7777?redirect=false

La mia famiglia - My family

La mia Città Acqui Terme
My City Acqui Terme

Introduzione alla lettura

Lo scopo di questo mio libro tascabile è di invitare tutti quanti a ragionare, ragionare e ancora ragionare sulla situazione in cui ci troviamo tutti noi terrestri e in cui si trova il Pianeta chiamato Terra, sempre più capriccioso per colpa nostra.

Le pagine di questo libro tascabile hanno due importanti scritti dal titolo Critica alla società moderna "La strada della luce" e "Lettera per i governi e i popoli del mondo", più descrizione finale e alcune mie opere di dipinti, di sculture e di poesie con il loro importante significato filosofico.

Spero che la lettura ti possa conquistare come tanti altri, con la speranza che i governi del mondo, prima che sia troppo tardi, pensino a dare a noi e alle generazioni che verranno un futuro.

Introduction to reading

The purpose of this my pocket
book is to invite everyone to
think, reason and still reason
about the situation in which all
of us earthlings find ourselves
and in which the Planet called
Earth is situated, more and more
capricious because of us.
The pages of this pocket book
have has two important writings
entitled Criticism of modern
society "The way of light" and
"Letter to the governments and
peoples of the world", more
final description and some of my
works of paintings, of
sculptures and poems with their
important philosophical meaning.
I hope that reading will win you
over like so many others, with
the hope that the governments of
the world, before it is too
late, think about giving us and
the generations that will come a
future.

Critica alla società moderna
"La strada della luce"

Questa critica vuole solo
ricordare in quale contesto
filosofico si trova la strada
del bene: per quanto riguarda le
nostre democrazie occidentali,
esse si trovano ormai in
profonda agonia, in quanto il
liberismo sfrenato sta
aumentando le ingiustizie dando
spazio ai vecchi padroni, non
pensate che serva cambiare
questa strada prima che il
baratro ci inghiotta?
Ogni giorno assistiamo a
dibattiti di economisti,
politici, tecnici ecc..., ognuno
con la propria ricetta per
uscire dalla crisi in cui ci
troviamo, in cui proprio loro ci
hanno portato e ancora ad oggi
continuano a proseguire con le
loro ricette, "salvo alcuni", di
liberismo sfrenato che tanto
male ha fatto alle nostre
democrazie occidentali ormai in
profonda agonia, senza più

nessuna possibilità di salvezza
se continuano sulla strada
attuale.
Occorre cambiare strada come
indicato dal Sommo Pontefice
Papa Giovanni Paolo II "Il
Grande", nominato "Santo" e come
continua a gridare con grande
forza Papa Francesco.
Naturalmente, credo sia giusto
ricordare che l'attuale
religione continua ad essere non
completamente in linea con ciò
che andava predicando Nostro
Signore, cioè il bene di tutti:
mi riferisco specificatamente al
controllo delle nascite.
Ormai il nostro globo si sta
avvicinando ad un punto critico
in quantità di esseri umani, se
non si prendono provvedimenti
per il controllo delle nascite,
si rischia sempre più di mettere
al mondo bambini, "che
certamente danno tanta felicità
a vederli", pur sapendo che

molti di essi andranno verso un futuro di morte per fame o per sete o ancor di più per guerre; perciò credo che i governi del mondo, come anche la religione che conta moltissimo nelle menti dei popoli, devono fare senza indugio questo grande passo per il bene di tutti.
Restano davanti a noi più pochi anni per cambiare strada, poi il baratro ci inghiottirà, a quel punto non basterà più assistere ad una guerra qui! o una guerra là! le crisi non si fermeranno!
il liberismo sfrenato può prolungare di qualche anno la caduta nel baratro, solo se riesce a riportare la classe lavoratrice indietro nel tempo.
Si continua a sentire affermazioni come "guadagnare non è peccato", "basta pagare le tasse", questo in parte è vero se non vengono danneggiati altri, ma dal momento che vengono continuamente chiesti da parte delle aziende nuovi sacrifici ai lavoratori, in nome

di un costo del lavoro troppo
alto per essere competitivi, mi
pare logico che il primo passo
da fare sia quello di portare su
valori accettabili tutti gli
stipendi dirigenziali fino al
livello più alto, sia nelle
aziende pubbliche che nelle
aziende private, che in
qualsiasi altro ente, in quanto
sono proprio i suddetti stipendi
che succhiano quasi la totalità
degli utili di una azienda,
senza contare le buonuscite
miliardarie che ne danno il
colpo finale, pregiudicando in
molti casi anche la
sopravvivenza dell'azienda.
Bisogna sempre ricordarsi che i
dirigenti senza i lavoratori non
sono nulla, diversità sì!, ma il
rapporto di 1 a 8 tra lo
stipendio medio di un lavoratore
e del massimo dirigente non può
essere superato, come pure per
le pensioni che devono essere
ridotte ad un rapporto non
superiore di 1 a 4, affinché uno
Stato si possa definire

democratico.
Lo Stato deve essere Stato, con regole precise che siano di rispetto per tutti i componenti la società, libertà di impresa sì! ma dove l'impresa devia dalle regole, deve essere lo Stato ad assumersi la responsabilità di non lasciare i suoi figli senza prospettive per il futuro, con conseguenze in molti casi irreparabili, sia sul piano umano che fisico, con costi enormi per la società.
Occorre mantenere il finanziamento pubblico ai partiti, controllandone la spesa, altrimenti i ricchi saranno sempre più avvantaggiati, pertanto mantenerlo nella forma più giusta, ma controllarlo con leggi anche dure è segno di democrazia.
Dimmi: pensi veramente che un partito politico strutturato sul territorio possa esistere in forma democratica senza il finanziamento pubblico

necessario? pensi veramente che
un partito possa mantenersi
democratico senza strutture
radicate sul territorio?
La vendita dei beni dello Stato
per fare cassa, se è rivolta
alle aziende statali o siti di
interesse comune è la più grossa
bestialità che si possa fare.
I cittadini vogliono i fatti,
anche se a prima vista può
sembrare poco democratico
"togliere" per decreto o per
legge costituzionale, ma è
giusto ricordare come è stato
molto poco democratico "dare"
stipendi e pensioni d'oro come
si sente oggi, che aggiunti alla
corruzione e alla concussione,
"ripeto" sono il vero problema
della situazione in cui si
trovano tutte le nostre
democrazie occidentali e che ci
porteranno al baratro se non
risolti.
Ciò elencato è l'unico sistema
democratico che potrà
sopravvivere in futuro,
pensateci! purtroppo occorre

ammettere che la strada che
seguono i nostri governanti,
almeno fino ad oggi, va in senso
contrario.
A tutti coloro che hanno
lasciato, "politici e
cittadini", il governo della
propria mente all'egoismo
insaziabile, dico uscite dalla
strada buia in cui vi trovate e
prendete la strada della luce,
la luce è amore e giustizia in
tutte le sue forme per tutti gli
uomini della società.
Invito tutti quanti, a fare un
piccolo esame di coscienza e
ragionare, ragionare, ragionare
e ancora ragionare prima che sia
troppo tardi per il nostro bene
futuro, quello dei nostri figli
e dei nostri nipoti.
Ora che siete arrivati alla fine
della lettura, spero che la
saggezza vi abbia conquistato.
Desidero ricordare che non sono
possessore di tessere di
partito.
Il mio interessamento è solo
dettato dal portare avanti la

cultura del bene in tutte le
sue forme, per quanto
mi è possibile.

Lettera per i Governi e i Popoli del Mondo

Occorre che gli stati del mondo cambiano strada come indicato dal Sommo Pontefice Papa Giovanni Paolo II "Il Grande", nominato "Santo" "a cui ho dedicato nel 2005 una scultura con dedica filosofica" e come con grande forza il Sommo Pontefice Papa Francesco continua ad indicare ogni giorno; se mi è consentito occorre anche pensare al nostro globo che si sta avvicinando ad un punto critico come quantità di esseri umani.

La tecnologia si sostituisce agli uomini, pertanto coloro che non potranno accedere al lavoro aumenteranno, come aumenteranno i lavoratori precari che riusciranno appena a mantenersi singolarmente e nessun governo per quanto democratico possa essere non sarà più in grado di far fronte alle richieste di aiuto per mantenere il

benessere attuale.
Se non si prendono provvedimenti
per il controllo delle nascite,
si rischia sempre più di mettere
al mondo bambini, "che
certamente danno tanta felicità
a vederli", ma occorre anche
essere coscienti che molti di
essi andranno verso un futuro di
morte per fame, per sete o ancor
di più per guerre e altro.
Occorre prendere insegnamento da
quello che sta succedendo oggi
con questo corona virus che in
soli pochi mesi sta mettendo in
ginocchio i popoli di tutte le
nazioni oltre alle numerose
vittime, perciò credo che i
governi del mondo devono
iniziare a pensare di avere "un
grande stato nel senso vero
della parola" e non come avviene
oggi uno "stato grande per
contare sempre di più", anche la
religione che conta moltissimo
nelle menti dei popoli, deve

fare senza indugio questo grande passo sul controllo delle nascite per il bene di tutti prima che sia troppo tardi.
Come dimostrazione possiamo prendere esempio da quello che è successo sull'isola di Pasqua, una civiltà completamente scomparsa per le mire di grandezza delle singole famiglie, così dicono i più recenti studi di esperti del settore, "le famiglie che vivevano sull'isola di Pasqua possono essere rapportate agli stati di oggi".
Nelle pagine successive potete visionare alcune mie opere di scultura e di pittura con allegato l'importante significato filosofico rivolto a portare avanti la cultura del bene per quanto nel mio piccolo posso fare, essendo una goccia in questo mare del mondo.
Mi permetto di ricordare che i macchinari girano se tutti i denti degli ingranaggi sono sani, così è la Società, il

muratore costruisce case e
ospedali, i lavoratori
dell'industria costruiscono
macchinari altamente tecnologici
e altro, importanti non solo per
muoversi ma anche per la Sanità,
perché senza quei macchinari
anche i dottori più capaci non
potrebbero dare le cure
necessarie per la sopravvivenza
delle persone e così in tutti
gli altri settori,
dall'agricoltura al commercio
ecc... , che lasciano ogni Anno
sul campo per negligenza o per
non prevenzione sul lavoro
migliaia di morti per infortuni.
Quello che voglio dire è che una
Società va avanti quando ognuno
nel proprio campo fa il suo
lavoro, certamente ognuno con la
propria diversità, anche di
stipendi, che devono essere non
troppo distanti tra le diverse
categorie, che aggiunto a quello
che stanno portando avanti
sull'ambiente milioni di giovani
e meno giovani, guidati dalla
grande ragazza Svedese Greta

Thunberg e il controllo delle nascite a livello nazionale, "se necessario anche a livello individuale" sono l'unica strada percorribile che ci potrà portare verso la luce.
Dobbiamo fare questo grande passo di scacciare l'egoismo che sta nelle nostre menti, il baratro si sta avvicinando sempre più, non restano più molti Anni per cambiare strada. La speranza è che la saggezza possa conquistare i popoli e i governi del mondo prima che sia troppo tardi.

Terra - Earth

di notte oggi - today at night

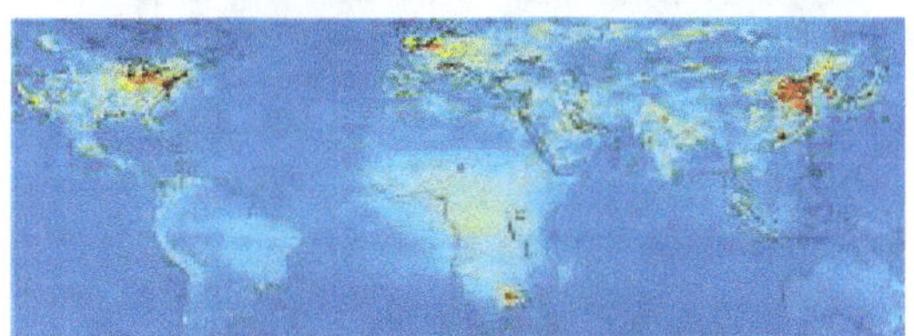

inquinata -2004- polluted

Situazione oggi
Situation today

Per un ricordo storico
Indiani d'America

Beduini con Cammello verso
l'Oasi

Per un ricordo storico

Per un ricordo storico
rappresentano un concetto
filosofico interpretativo.

In queste opere dipinte in forma
astratta impressionistica
rivive infatti la storia degli
Indiani d'America che vivevano
tra il Messico, l'Arizona e la
California, in terre desertiche
al limite della sopravvivenza;
ricordando che gli fu tolto
tutto, anche la vita, in quanto
per loro grande sfortuna erano
nati dove esistevano immense
ricchezze, oro, petrolio, ecc.

Questa teoria è ancora tutt'oggi
nel mondo di attualità.

Le altre opere che
rappresentano tribù di Beduini,
hanno una grande similitudine
con gli Indiani d'America.

Papa Giovanni Paolo II

Scultura in legno Papa Giovanni Paolo II con dedica

Papa Giovanni Paolo II durante il pontificato fu il più genuino Apostolo di Gesù affinché la Pace, l'Amore, la Giustizia fra gli uomini fossero messi al primo posto, contestò sia i regimi totalitari che le democrazie basate esclusivamente sul capitalismo, per questo venne chiamato il Grande.

Passò alla casa del Signore il due Aprile dell'anno 2005.

Il Sommo Pontefice si erge sopra il pianeta Terra, con un piede nelle Americhe e l'altro nell'Asia, a significare i suoi viaggi tra popoli di culture diverse, portando la parola di Amore, Giustizia e Libertà per tutti gli uomini, ricordando che solo rispettando con i fatti quelle parole si potrà raggiungere la Pace tra i popoli.

Per una Pace Mondiale

Per una Pace Mondiale

Per una pace mondiale, il nero
rappresenta i regimi totalitari
di destra, hanno fatto cose
buone e cose cattive, il rosso
rappresenta i regimi totalitari
di sinistra, hanno fatto cose
buone e cose cattive, il bianco
rappresenta le nostre democrazie
occidentali, esse sono
rappresentate in bianco in
quanto si ritengono pure, ma
anche loro debbono
inginocchiarsi davanti al
Signore, in quanto le
ingiustizie continuano ad
esserci e si vedono ogni giorno.

Solo la liberazione di
quell'egoismo che pare governi
le nostre menti e il rispetto
delle leggi del Signore, che
sono Amore, Libertà e Giustizia
potrà portare alla pace
mondiale.

Gesù in Croce

Scultura in legno Gesù in Croce con dedica

Gesù per insegnarci l'Amore e la Giustizia che sono i beni più preziosi, si è lasciato crocifiggere e noi, dopo duemila anni nulla abbiamo ancora imparato.

Solo l'egoismo oggi più che mai pare governi le nostre menti.

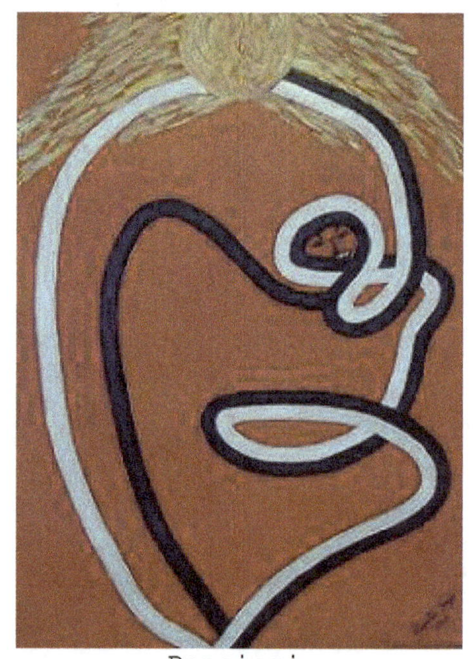

Pensieri

Pensieri

I pensieri sono come una lunga
strada, si intrecciano, cambiano
dal bene al male, prima di
arrivare a Dio, vengono tentati
da Satana, ritornano neri per
tutti coloro che vivono chiusi
nel proprio egoismo.

I pensieri che riescono ad
arrivare a Dio, ne usciranno
bianchi poiché saranno
rispettate le sue leggi, che
sono Amore, Giustizia e Libertà;
solo con questi ultimi pensieri
si potrà arrivare a dare un
futuro ai nostri figli, ai
nostri nipoti e a noi stessi.

Verso il futuro aiutiamoli
ad averlo

Verso il Futuro
aiutiamoli ad averlo

Il Sole simboleggia

la vita

Il Verde simboleggia

la speranza

Il Bianco simboleggia

l'immacolato

Poesia: **La Libertà**

La Libertà è una parola
astratta, una bella donna o cosa
altro è? sono passato ovunque su
questo pianeta alla ricerca
e alla fine sono qui ancora a
domandarmi che cosa è la
Libertà?
Libertà di fare ciò che si vuole
o Libertà di rispettare le
regole? molte volte ho sentito
affermazioni come vorrei essere
un uccellino libero di andare
dove mi pare e fare quello che
più mi pare, ma tutto questo
viene detto senza pensare che
anche l'uccellino non è poi così
tanto libero, deve proteggersi
non solo da altri uccelli rapaci
sempre in agguato, ma da molti
altri animali tra cui l'uomo,
pronti mangiarselo.
E allora il pensiero ritorna
alla Libertà degli uomini, che
in definitiva si trovano a
essere un po' come l'uccellino,
in balia dei più forti e dei
prepotenti che stanno lì,

come i rapaci! salvo avere
qualche possibilità in più
del povero uccellino per
decidere della propria vita
futura di uomini liberi, tra cui
la più democratica e quindi la
più tranquilla sta nelle
votazioni per quanto esse
possano valere visto i molti
precedenti.
Ed allora ecco che la parola
Libertà prende sempre più la
forma delle regole che uno
stato democratico sa darsi nel
rispetto di tutti gli uomini
della società,
ricordando che tutto ciò può
avvenire solo con la liberazione
da quell'egoismo insaziabile che
pare governi le nostre menti,
lasciando spazio alla luce in
tutte le sue forme, la luce per
chi ancora non lo sa è rispetto
delle leggi di Nostro Signore
che voglio ricordare sono Amore,
Giustizia e Libertà per tutti
gli uomini della società.

Poesia: **Passaporto della Leggera**
"Mendicante"

La Leggera, chi è e chi era la
vera Leggera,
oggi più nessun lo sa,
era chi viveva ai margini della
Società,
per scelta sua e non di altri;
era un uomo o donna senza onore
e dignità,
che elemosinava un po' qui un
po' là.

La Leggera la trovavi un po'
ovunque,
in questo angolo della strada
qui,
o in quell'angolo della strada
là,
la vedevi a dormire sotto un
ponte,
come in uno scatolone nel centro
della Città.

Con il passar del tempo,
la parola Leggera dimenticata si
ha,
oggi vengono tutti chiamati
senza tetto,
che nulla hanno a che fare con
la Leggera,
ma molto hanno a che fare con i
governi,
che messi hanno lì ai margini
della Società.

Poesia: **La Vergine Maria**

Era un giorno di moltissimo
tempo fa,
lentamente la luce dava spazio
all'oscurità,
viaggiando in auto stavo! per
andar dalla mia bella,
quando nel salir la verde
fiorita collina,
tra l'andar a destra e l'andar a
sinistra,
una grande luce splendente e
tonda spuntò,
il tempo di uno sguardo e già
nel ciel sereno svanì.

Dal mio corpo i peli si
rizzaron, quando la curva fatto
ho!
sulla riva fiancheggiante la
carreggiata,
davanti ai miei occhi, a metri
due circa di altezza,
la Signora dei cieli mi apparve
in tutto il suo splendore,
sì era Lei, la madre di Nostro
Signore, La Vergine Maria.

Disteso in una cassa mi vidi
mentre il mio corpo si alzò,
uno sguardo, il recupero dei
documenti miei, poi il nulla,
più tardi scoprii che quella era
stata la mia conversione,
da materialista che fino a quel
giorno io ero,
con immensa letizia credente
divenni di poi.

Da quell'indimenticabile momento
magico,
lasciato il mio corpo e la mia
mente non ha più!
molte volte aiutato ha già me! e
i cari miei,
mi manda segnali affinché il
mondo più giusto diventi,
prima che il tempo che ci resta
troppo tardi sia,
guida i miei passi sulla strada
della luce,
per questo dico grazie, grazie
tante o Vergine Maria.

Descrizione finale

Caro lettore, come avrai letto, non sono andato ad addentrarmi in diversi pensieri filosofici scrivendo di quello o dell'altro Filosofo, che negli Anni nei Secoli si sono susseguiti con le loro teorie, il tutto è ridotto al concreto con parole comprensibili per tutti e al reale futuro dei popoli di questo Pianeta chiamato Terra. Sono passati quasi duemila Anni da quando Nostro Signore Gesù disse andate e proliferate, in quel contesto era perfettamente giusto invitare a procreare in quanto il Pianeta era quasi disabitato, se Gesù scendesse ora sulla terra sicuramente direbbe fermatevi prima che sia troppo tardi; è questo che la religione non riesce ancora a capire, è sempre in ritardo rispetto alla storia.
I governi continuano a varare leggi favorevoli alla procreazione, raccontandoci che

se non si fanno più bambini
domani non ci saranno più soldi
per pagare Pensioni, Sanità
ecc..., certamente un controllo
delle nascite con la conseguente
riduzione degli abitanti
provocherà qualche disagio per
un certo periodo che può
riguardare una generazione "da
20 a 30 anni", dove lo stato
sarà chiamato a bilanciare le
casse previdenziali.
Ciò vuol dire che una parte di
quello che oggi viene speso per
la disoccupazione e altre voci
verrà indirizzato al pagamento
delle pensioni se sarà
necessario, ma poi il tutto si
appiana e davanti a noi la luce.
Oggi, oltre ad avere una
disoccupazione grande, abbiamo
anche una precarietà grande
senza contare i milioni di
giovani o meno giovani che
continuamente si spostano da una
nazione all'altra, da un
continente all'altro con costi

enormi per la Società.
Come avrete letto solo uscendo
dall'ingordigia di quell'egoismo
che pare governi le nostre
menti, si spianerà davanti a
noi la lunga strada della luce,
continuare sulla strada che
stiamo percorrendo significa che
il buio molto presto ci
avvolgerà.
Quello che il movimento della
grande ragazza Greta Thunberg e
altri movimenti portano avanti
sull'inquinamento per il bene di
tutti noi terrestri va bene, ma
non basta, su questo pianeta da
molto tempo siamo in troppi,
ormai ci stiamo avvicinando a
circa 8 miliardi di esseri
umani, siamo già 2 miliardi in
più rispetto al limite
accettabile, diminuire
l'inquinamento è positivo ma non
primario, se gli esseri umani
continuano ad aumentare ci
troveremo sempre allo stesso
punto per quanto riguarda
l'inquinamento, è matematico,
con la variante che avete letto

molto più importante, pertanto
per il bene del pianeta e nostro
occorre agire velocemente e
contemporaneamente sia sulla
riduzione dell'inquinamento sia
sul controllo delle nascite.
A voi giovani e meno giovani
scegliere la strada.
Credo di aver elencato in modo
chiaro lo scopo di questo mio
libro tascabile; spero che tu
lettore, l'hai trovato
interessante.

Criticism to the modern society
"The road of the light"

This criticism wants only to remember in which philosophical context is situated the road of the good: as regards our western democracies, they are situated by now in deep agony, since the unbridled liberalism is increasing the injustices, giving space to the old masters, don't you think that we must change this road before the abyss swallows us? Every day we attend debates of economists, politicians, technicians etc..., each with the his own remedy to go out of the crisis in which we are situated, in which really they have brought us and still today they go on with their remedies, "except for someone", of unbridled liberalism that so much evil has done to our western democracies, by now in deep agony, without no more possibility of salvation, if they continue on the

actual road.
It is necessary to change road
as pointed
out by the Top Pontiff
Pope Giovanni Paolo II "The
Great One", named "Saint" and as
Pope Francesco goes on shouting
with great strength.
Naturally I believe is correct
to remember that the actual
religion continues to be not
completely in line with what Our
Lord went preaching, and that is
the good of everybody: I
specifically refer to the
control of the births.
By now our globe is approaching
to a critical point in quantity
of human beings, if provisions
are not taken for the control of
the births , we risk more and
more to generate children, "that
certainly give so much happiness
to see them",
also knowing that many of them
will go towards a future of

death for hunger or for thirst,
or more for wars; therefore I
believe that the governments of
the world, as also the religion
that counts a lot in the minds
of the peoples, have to do
without hesitation this great
footstep for the good of
everyone.
In front of us, more few years
stay for changing road, then the
abyss will swallow us, and at
that point it won't be enough
any more to assist to a war
here! or a war there! the crises
will not stop! The unbridled
liberalism can extend for a few
years the fall in the abyss, if
only it succeeds in bringing the
working class back in the time.
We continue to hear affirmations
as "making money is not sin",
"stop with payment of taxes",
this partly it is true if others
are not damaged, but since new
sacrifices are continually asked
from the firms to the workers,
because the job costing is too
high for being competitive, it

seems logical that the first
footstep to do is that to bring
on acceptable values all the
managerial salaries up to top
level, both in the public firms
and in the private firms, and in
any other company, since the
above-mentioned salaries are
really what suck the most of the
profits of a firm, without
counting the multimillionaire
liquidations that give the
final stroke, also compromising
in many cases the survival of
the firm.
It is always necessary to
remember that the managers
without the workers, are
nothing, difference certainly!,
but the relationship 1 to 8
between the middle salary of a
worker and of the top manager
can't be over, as also the
pensions that must be reduced to
a relationship not superior of 1
to 4, so that a State can be
defined democratic.
The State has to be State, with
precise

rules that are of respect for
all the members of the society,
freedom of enterprise certainly!
but where the enterprise
deviates from the rules, the
State must take the
responsibility not to leave his
children without perspectives
for the future, with irreparable
consequences in many cases, both
on the human aspect and
physical, with enormous costs
for the society.
It's necessary to keep the
government financing to the
parties, checking their expense,
otherwise the rich people will
be more and more benefited,
therefore to keep it in the most
correct form, but also to check
it with hard laws is sign of
democracy.
Tell me: do you think really
that a political party
structured on the territory can
exist in democratic form without
the necessary government
financing? do you think really
that a party can keep democratic

without deep-rooted structures
on the territory? The sale of
the public goods for making
money, if it concerns the public
enterprises or sites of common
interest is the biggest
bestiality that can be done.
The citizens want the facts,
even if at first sight can seem
little democratic "To remove"
for decree or for constitutional
law, but it is right to remember
that has been very little
democratic "to give" salaries
and gold pensions as we hear
today, that added to the
corruption and to the extortion,
"I repeat" are the true problem
of the situation in which all
our western democracies are
situated and that they will
bring us to the abyss if not
resolved.
That listed is the only
democratic system that will can
survive in the future, think of
it! unfortunately it is
necessary to admit that the road
that our rulers follow, at least

until today, goes to contrary
way.
To all those people that have
left, "politicians and
citizens", the government of
their own mind to the insatiable
egoism, I say go out of the dark
road in which you find yourself
and take the road of the light,
the light is love and justice in
all its forms for all the men of
the society.
I invite everybody, to make a
small examination of conscience
and to reason, to reason, to
reason and again to reason
before is too late for our own
future good, that of our
children and of our nephews.
Now that you have arrived at the
end of the reading, I hope that
the wisdom has conquered you.
I desire to remember that I am
not holder of cards of party.
My interest is only dictated to
bring forth the culture of the
good in all its forms, as it is
possible for me.

It is necessary that the states
of the world change direction as
indicated by the Supreme Pontiff
Pope John Paul II "The Great",
named "Saint" "who I dedicated a
sculpture in 2005 with
philosophical dedication" and as
with great force the Supreme
Pontiff Pope Francis continues
to indicate every day; if I can
you must also think about our
globe that is approaching to a
critical point as a quantity of
human beings.
Technology replaces men,
therefore those who will not be
able to access work they will
increase, as the precarious
workers will increase, who will
manage just to stay individually
and no government however can be
democratic will not be able to
meet the demands of help to
maintain current wealth.
If you don't take measures
for birth control, we risk more

and more to generate children,
"that certainly give so much
happiness to see them", but we
must also know that many of them
will go towards a future of
death for hunger, for thirst or
even more for wars and more.
We have to learn from what's
going on today with this corona
virus, which in just a few
months is getting down on one's
knees peoples of all nations,
besides the numerous victims,
therefore I believe the
governments of the world must
start thinking about having a
"great state in the true sense
of the word" and not as is today
"a great state to count more and
more", even the religion that
counts a lot in the minds of
peoples, must do without delay
this great step on the control
of the births for the good of
all before it is too late.
As demonstration we can take
example from what on Easter
Island has happened, a
civilization completely

disappeared owing to the great aims of the single families, so the most recent studies by experts in the sector say, "the families who lived on Easter Island can be compared to the states of today".
On the following pages you can view some of my works of sculpture and painting with attached the important philosophical meaning turned to go forth the culture of good for as in my small way I can do, being a drop in this sea of the world.
Let me remind you that the machines turn if all the teeth of the gears are healthy, so is the Society, the bricklayer builds houses and hospitals, industrial workers build high-tech machinery and other, important not only for moving but also for Health, because without those machines even the most capable doctors would not be able to give the necessary care for the survival of people

and thus in all other sectors,
from agriculture to trade
etc ..., which leave every year
on the field for negligence or
for non-prevention at work
thousands of deaths for
accidents.
What I want to say is that a
Society goes on when everyone in
his own sector does his job,
certainly everyone with his own
diversity, even of salaries, who
must not be too distant between
the different categories, that
added to what millions of young
and old are carrying out on
environment, led by the great
Swedish girl Greta Thunberg and
birth control at national level,
"if necessary also at individual
level" are the only way
practicable that can lead us
towards the light.
We must make this great step to
throw away the selfishness that
is in our minds, the abyss is
drawing near more and more,
there are no more many Years to
change direction.

The hope is that wisdom can
conquer the peoples and
governments of the world before
it is too late.

For a historical memory
American Indians

Bedouins with Cammel to
the Oasis

For a historical memory

For a historical memory
represent an interpretative
philosophical concept.

These impressionist-abstract
works bring back to life the
history of the American Indians
who lived in the desert plains
of Mexico, Arizona and
California, struggling to
survive; the works remind us
that everything was taken away
to them, even their own life,
only because for their
misfortune they were born in an
area of immense wealth, gold,
oil, and so forth.

This theory is today still in
the world of actuality.

The other works represent
tribes of Bedouins, who share a
great degree of similarity with
the American Indians.

Pope Giovanni Paolo II

Sculpture in wood Pope Giovanni Paolo II with dedication

Pope Giovanni Paolo II during his papacy was the most genuine Apostle of Jesus so that the Peace, the Love, the Justice among the men were put to the first place, he contested both the totalitarian regimes and the democracies based exclusively on the capitalism, for this he was called the Great One.

He passed on April 2nd of the year 2005 to the house of the Lord.

The Top Pontiff rises above the planet Earth, with a foot in America and the other in Asia, to mean his trips among people of different cultures, bringing the word of Love, Justice and Liberty for all the men, remembering that only respecting with the facts those words the Peace among the peoples can be reached.

For Worldwide Peace

For Worldwide Peace

For worldwide peace, the black represents totalitarian right-wing regimes, they have done both good things and bad things, the red represents totalitarian left-wing regimes, they too have done both good things and bad things, the white represents our western democracies, which are painted in white since they consider themselves pure, but even they have to kneel down in front of the Lord, since injustices continue to exist and can be seen every single day.

Only freedom from that selfishness which appears to govern our minds and respect for the rules of our Lord, which are Love, Liberty and Justice, can pave the way to worldwide peace.

Jesus on the Cross

Sculpture in wood Jesus on the Cross with dedication

Jesus to teach us the Love and
the Justice that are the most
precious goods, let himself
crucify and we, after two
thousand years have still
learnt nothing.

Today more than ever only
selfishness seems to govern our
minds.

Thoughts

Thoughts

The thoughts are as a long road,
they intersect, they change from
good to bad and, before arriving
at God, they are tempted by
Satan, becoming black again for
all those who live enclosed in
their own selfishness.

The thoughts that succeed in
reaching God, will emerge white
since His laws will be
respected, that are Love,
Justice and Liberty; only with
these last thoughts that we
could manage to give a future to
our children, to our
grandchildren and to ourselves.

Towards the future let's
help them to get it

***Towards the Future let's help
them to have it***

The Sun symbolizes

the life

The Green symbolizes

the hope

The White symbolizes

the immaculate one

The Liberty is an abstract
word,a beautiful woman or what
else is it? I passed anywhere on
this planet to the search and
the end I am here still to ask
me what is Liberty? Liberty to
do what we want or Liberty to
respect the rules? a lot of
times I have heard affirmations
as I would want to be a free
birdie to go where I like and to
do what more I like, but
everything is said without
thinking that
also the birdie is not then so
much free, it must always
protect itself not only from
other predacious birds in wait,
but from many other animals
among which the man,
ready to eat it.
And then the thought returns to
the Liberty of the men, that
after all find themselves to be
as the birdie, at the mercy of
the strongest and the arrogant
people that are there,

as the birds of prey!
Excepting having some
possibilities in more than the
poor birdie to decide their own
future life of free men, among
which the most democratic and
therefore the calmest is in the
votes for what they can be worth
seen the many precedents.
And then here that the word
Liberty takes more and more
the form of the rules that a
democratic state knows how to
give in the respect of all the
men of the society, remembering
that everything can happen
only with the liberation from
that insatiable egoism that
seems to rule our minds,
leaving space to the light
in all its forms, the light for
who doesn't know yet is respect
of the laws of Our Lord that
I want to remember they are
Love, Justice and Liberty for
all the men of the society.

The Light, who is and who was
the true Light,
today more nobody knows it,
he was who lived to the borders
of the Society,
for his choice and not of
others;
He was a man or woman without
honour and dignity,
who begged for a bit here a bit
there.

The Light you could find
anywhere,
in this angle of the road here,
or in that angle of the road
there,
you saw her to sleep under a
bridge,
as in a big box in the center of
the City.

With the passage of the time,
the word light we have
forgotten,
today all are called homeless,
that have nothing to do with the
Light,
but they have to do a lot with
the governments
that have put them there to the
borders of the Society.

It was a day a very long time
ago,
slowly the light gave space to
the obscurity,
travelling by car I was!
Going to my beauty,
when going up the green in bloom
hill,
between going right and going
left,
a great shining and round light
appeared,
the time of a look and already
in the clear sky it faded away.

From my body the hairs bristled,
when the bend done I have!
on the shore near the roadway,
in front of my eyes, at two
metres about of height,
the Lady of the skies appeared
me in all her shine,
yes she was Her, Our Lord's
mother, The Virgin Mary.

Lying in a box I saw myself
while my body lifted up,
a look, the recovery of my
documents then the nothing,
later I discovered that it had
been my conversion,
from materialist that up to that
day I was,
with immense joy believer I
became afterwards.

From that unforgettable magic
moment,
left my body and my mind she
hasn't any more!
a lot of times she helped
already me! and my darlings,
she sends me signals so that the
more correct world becomes,
before the time that stays us
too late is,
she leads my footsteps on the
road of the light,
for this I say thanks, many
thanks Virgin Mary.

Final description

Dear reader, as you have read,
I did not go into different
philosophical thoughts writing
about that or the other
Philosopher, who over the years
over the centuries have followed
one another with their theories,
everything is reduced to the
concrete with words
understandable for all and to
the real future of the peoples
of this planet called Earth.
Almost two thousand years have
passed since Our Lord Jesus said
go and proliferate, in that
context it was perfectly right
to invite to procreate as the
Planet was almost uninhabited,
if Jesus came down to earth now
he would surely say stop before
it is too late; this is what
religion still fails to
understand, it is always late as
regards history.
Governments continue to pass
laws in favour of procreation,
telling us that if we don't

generate more
children, tomorrow there will
be no more money to pay
Pensions, Healthcare etc ...,
certainly a birth control with
the consequent reduction of the
inhabitants will cause some
discomfort for a a certain
period that can concern a
generation "from 20 to 30
years", where the state will be
called upon to balance the
pension funds.
This means that a part of what
is spent today on unemployment
and other items will be directed
to the payment of pensions if it
will be necessary, but then
everything will be solved and
the light in front of us.
Today, in addition to having a
great unemployment, we also have
a great precariousness without
counting the millions of young
and old men who continually move
from one nation to another, from
one continent to another with

enormous costs for the Society.
As you will have read, only by
getting out of the greed of that
selfishness that seems to govern
our minds, the long road of
light will open in front of us,
continuing on the road we are
covering means that darkness
will envelop us very soon.
What the movement of the big
girl Greta Thunberg and other
movements carry on pollution for
the good of all of us earthlings
is right, but it is not enough,
on this planet we are too many
for a long time, by now we are
approaching about 8 billion
human beings, we are already
2 billion more than the
acceptable limit, reducing
pollution is positive but not
primary, if human beings
continue to increase we will
always find ourselves at the
same point regarding pollution,
it is mathematical, with the
variant that you have read much
more important, therefore for
the good of the planet and ours

it is necessary to act quickly
and at the same time both on the
reduction of pollution and on
birth control.
To you young and old men to
choose the road.
I believe I have clearly listed
the purpose of this my pocket
book; I hope you reader, found
it interesting.

Sempre più mani di tutti i colori chiedono aiuto

Occorre cambiare strada il più presto possibile, prima che sia troppo tardi per tutti.

Pensaci !!!

More and more hands of all colours ask help

It is necessary to change road as soon as possible, before it is too late for everybody.

Think about it !!!

Finito di stampare nel mese di
febbraio 2022

per conto di Youcanprint

9 7 9 1 2 2 0 3 8 0 4 4 7